Tobi Fibel 2

Erarbeitet von
Doris Schiffers und
Mirjam Zimmermann

unter Beratung von
Helga Brüntrup, *Leopoldshöhe*
Brigitta Doering, *Rodenberg*
Bärbel Engfer, *Berlin*
Inge Fuchs, *Trier*
Ingeborg Hellwig, *Bad Wildungen*
Karl Heinz Schäfer, *Trier*

illustriert von
Petra Probst und
Stefanie Scharnberg

Cornelsen

Inhaltsverzeichnis

Die Aufgaben kannst du allein, zu zweit oder in der Gruppe bearbeiten. Du kannst dazu erzählen oder

malen,

schreiben,

basteln.

Was ist hier los?

Ll
Oo
Ee
Aa
Mm
Hase
Igel
Biber
Maus
Plan des Tobi-Waldes
Felsen
Wald
Fluss
See
Fest
Die kleine Hexe
Biber Boris
Biber Boris
Märchen
Tiger und Bär

Meine Familie

Wir sind die Tobis.
Mama, Papa, Oma, Opa, Alo
und  gehören zur Familie.
Wir leben gemeinsam im Wald.
Jeder mag andere Dinge.
Mama liest oft. Ich male gerne.
Was machst du gerne ?

Ela

Du bist du

Ob du schlank bist,
kurz oder lang bist,
dick oder dünn,
feige oder du hast Mut:

Ob du rund bist,
weiß oder bunt bist,
grob oder fein,
Junge, Mädchen,
Frau oder Mann:

Text: Joachim Schmahl / Jürgen Tamchina
Melodie: Jürgen Tamchina

 *Male ein Bild von dir.* 

Familien sind verschieden

WENN MEINE SCHWESTER
UND ICH NACH HAUSE KOMMEN,
SIND MAMA UND NILS SCHON DA.
PAPA KOMMT ERST ABENDS.
TIM

Mein Papa wohnt in einer
anderen Stadt.
Aber ich habe ja meine Mama.
Und wenn die arbeiten muss,
bringt sie mich
zu meiner Tagesmutter.
Tobias

Bei uns ist immer was los.
Ich darf oft Freunde mit
nach Hause bringen.
Am Wochenende fahren wir
manchmal zu Oma.
Lisa ☺

Wie lebt deine Familie?

Papa kocht

Mama ist nicht da.
Papa muss kochen.
„Toll !“, sagt Papa.
„Was kochen wir ?“
„Wir kochen Reis“, sagt Julia,
„Reis ist lecker ! Reis mit Pilzen.“

Julia sucht Pilze.
Pilze sind nicht da.
Julia findet Erbsen.
„Wir kochen Reis mit Erbsen“,
sagt Papa. „Das ist lecker !
Reis mit Erbsen und Ei.“

Papa sucht Eier.
Eier sind nicht da.
Papa findet Käse.
„Toll !“, sagt Papa.
Papa kocht den Reis.
Papa wärmt die Erbsen.
Papa reibt den Käse.

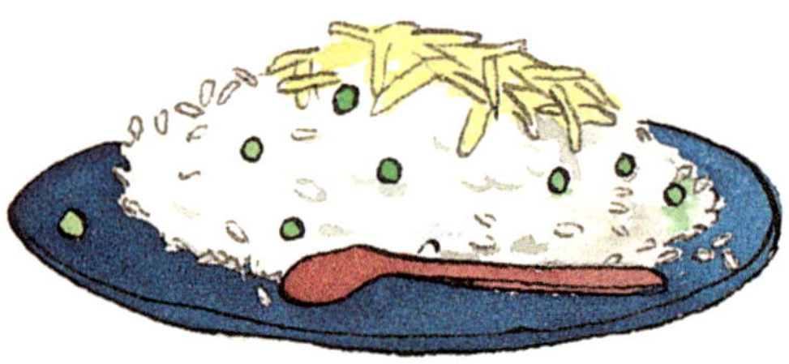

Dann essen die beiden
Reis mit Erbsen und Käse.
Lecker, lecker, lecker !

Ute Andresen

Was passt zusammen ?

Leo
1

Ela
4

Mama
6

Oma
7

Alo
3

Opa
8

Ole
2

Papa
5

Palme
9

Dieses Spiel kannst du basteln.

Welchen Weg sollen wir gehen?

Die Tobis suchen einen Weg
zum Fest.
Ela zeigt ihren Weg:
durch den dunklen  und
über den gefährlichen .
Das ist der schnellste Weg.
Alo findet einen anderen Weg:
über die  **neben** dem 
bis zur .
Aber das ist der längere Weg.
Welchen Weg sollen sie gehen?

Wo ist die Maus?

Die Maus ist 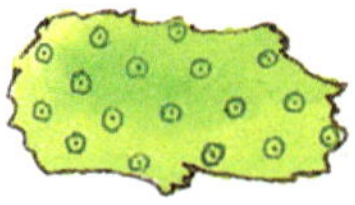 dem Plan.

vor

neben

hinter

auf

unter

Wo ist Leo? Wo bist du?

Tiger und Bär im Verkehr

Einmal sagte der kleine Tiger zum kleinen Bär:
„Komm, wir gehen in die Stadt und ich zeige dir,
wie man über die Straße geht.“
„Oh ja“, rief der kleine Bär,
„da bin ich hochbegeistert.“

In der Stadt standen sie dann
und wussten nicht,
wie sie über die Straße gehen sollten.
Die Autos rasten von links nach rechts
und von rechts nach links,
keine Rettung in Sicht.

Janosch

Wie können Tiger und Bär sicher über die Straße kommen?

Wege über die Straße

Am besten kannst du
bei einer 
über die  gehen.

Bei  musst du stehen,
bei  darfst du gehen.

Wenn es keine  gibt,
kannst du bei einem 
über die  gehen.

Wenn alle  stehen,
darfst du gehen.

Und wenn es keine 
und keinen  gibt?

Zebrastreifen

Ich stell mich an das blaue Schild,
damit man sieht, was ich hier will.
Ich hebe deutlich meine Hand
und seh genau die Autos an.
Und bremst ein Auto, dann schau ich
dem Autofahrer ins Gesicht.
Winkt er mir zu, dann guck ich bloß,
ob alle halten, dann geht's los.

Rolf Zuckowski

Mit Wörtern malen

Wer versteckt sich in der Ampel?
Wer rennt über den Weg?

Die Reise geht los

Endlich ist alles gepackt.
Die Reise kann beginnen.
Die Tobis haben
schon lange keine Reise
mehr gemacht.
Ela ist ganz aufgeregt.
Übermütig rennt sie voraus.
„Warte, Ela !“, ruft Oma.
Aber Ela hört Oma nicht mehr …

Kofferpacken

Die Tobis verreisen.
Mama packt ein  ein.

Mama packt ein 
und eine  ein.

Mama packt ein 
und eine 
und eine 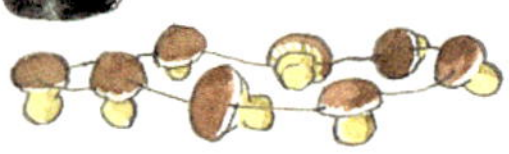 ein.

Mama packt ein 
und eine 
und eine 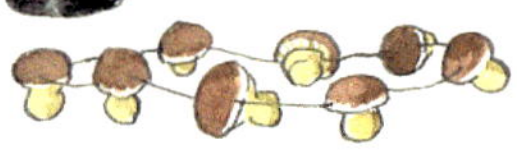
und einen  ein.

Mama packt ein 
und eine 
und eine 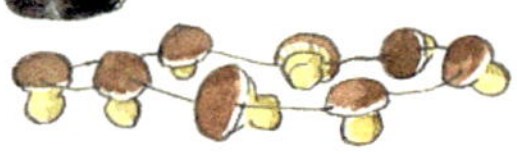
und einen 
und einen  ein.

Spielt gemeinsam: Was packt Mama ein?
Was würdest du einpacken?

Ein kleiner Hase auf Weltreise

Gegen Ende der Ferien ist etwas Furchtbares passiert. Mitten auf dem Flughafen verschwand Sophies Kuschelhase Felix.

Sophie bekam einen dicken Kloß im Hals. Was nur, wenn Felix für immer verloren ist?

Doch eines Tages kam Post:

LONDON, IM AUGUST

LIEBE SOPHIE,

LEIDER HABE ICH DICH IM FLUGHAFEN VERLOREN. ABER BITTE MACH DIR KEINE SORGEN UM MICH! MIR GEHT ES GUT. ICH BIN IN EIN FALSCHES FLUGZEUG GESTIEGEN. DAS FLOG ABER NICHT NACH HAUSE, SONDERN NACH LONDON. HIER GIBT ES EINEN GROßEN PALAST, DA STEHEN VIELE MÄNNER MIT SELTSAMEN MÜTZEN VOR. SO EINE MÜTZE WÜRDEST DU NICHT MAL IM WINTER ANZIEHEN. UND NOCH ETWAS IST KOMISCH, ALLE REDEN HIER GANZ ANDERS.

ICH MELDE MICH BALD WIEDER,
DU FEHLST MIR, DEIN

FELIX

Annette Langen

Bist du auch schon einmal verloren gegangen?
Was hast du erlebt?

One – two – three

Ja is yes,
nein is no,
Biene heißt bee
und zählen geht so:
one – two – three.

Ein Hund is a dog,
eine Katze is a cat,
this ist anders als that.
This is a dog
and that is a cat.

A cow ist eine Kuh
und die macht auch in England muh,
a chair ist ein Stuhl.
Englisch ist cool !

Hans und Monique Hagen

Eine Reise in die Türkei

Die Kinder aus Selmas Klasse kennen schon die Zahlen 1 bis 6 in türkischer Sprache. Selma erzählt ihnen noch mehr aus ihrem Heimatland, der Türkei.

Abzählreim

O mo himya
Himi çikolata
Buz gibi limonata

Taşlar – Steine

werfen greifen fangen

Wie oft schaffst du es in einer Minute?

Zuckerfest

Einmal im Jahr ist Ramadan.
Einen ganzen Monat lang essen und trinken die Erwachsenen am Tag nichts.
Am Ende des Ramadan feiern wir das „şeker bayrami", das Zuckerfest.
Wir Kinder küssen den Erwachsenen die Hände.
Dann bekommen wir Süßigkeiten oder Geld.
Zum Gebet gehen alle in die Moschee.

şeker = Zucker
bayrami = Fest

Ela und die Tiere

Ela ist nicht alleine im Wald.
Viele Tiere leben dort.
Den Hasen trifft sie jeden Tag.
Heute sieht Ela einen seltenen
Gast im Wald.
Welches Tier beobachtet sie ?
Es ist klein.
Es frisst Würmer und Obst.
Es hält Winterschlaf.
Es hat Stacheln.
Bei Gefahr rollt es sich
zusammen.

Ein Schneckenreim

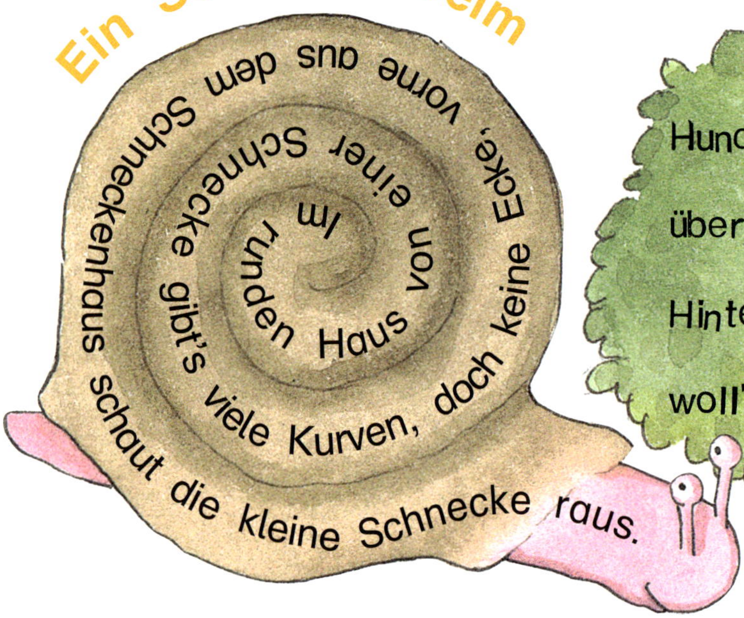

Im runden Haus von einer Schnecke
gibt's viele Kurven, doch keine Ecke,
vorne aus dem Schneckenhaus
schaut die kleine Schnecke raus.

Paul Maar

Hundert Hasen hopsen stolz
über hundert Hecken.
Hinter hundert Haufen Holz
woll'n sie sich verstecken.

Etwas über Tiere erfahren

Gestern Abend haben Fabio und Lea
einen Igel im Garten gesehen.
Nun möchten sie mehr über den Igel wissen.
In der Bücherei finden sie viele Bücher
über Tiere.
Fabio entdeckt auch eine CD-ROM.

Lea legt die CD ins Laufwerk
des Computers ein.
Die Kinder sind erstaunt,
wie viel sie dort
lernen können.

Auch im Internet findest du viele Informationen.

Besuch bei Biber Boris

Die fleißigen Bibereltern haben den Bach gestaut. Mitten auf dem Teich steht nun ihre neue Wohnung, die Biberburg.
Der kleine Biber Boris darf seinen Eltern heute bei ihrer Arbeit helfen.
Beim Schwimmen gewinnt er einen neuen Freund: Freddy den Frosch.

„Komm doch mit uns zum Abendessen, Freddy !“
Das ließ sich Freddy nicht zweimal sagen.

Als Mutter Biber das Abendessen auftrug,
wurde Freddy plötzlich ganz grün im Gesicht.
„Ihr wollt doch nicht diese feuchten Wurzeln
und Rinden essen !?“
Insgeheim hatte er sich nämlich schon
auf eine fette Fliege gefreut.
Verdutzt schauten ihn die Biber an.
„Wir essen immer Wurzeln und Rinden.“

„Na ja, macht nichts“, quakte der Frosch.
„Dann werde ich mir halt einen Happen fangen.“
Boris begleitete Freddy hinaus.
„Mach’s gut !“, rief er.
„Bis morgen“, quakte Freddy.

Marcus Pfister

Kaum zu glauben

Ein Kamel kann zwei Wochen ohne Wasser auskommen. Findet es dann Wasser, kann es in zehn Minuten 130 Liter trinken.

Auch Fische schlafen. Sie haben hierbei aber immer ihre Augen geöffnet.

Mein Hund kann Türen öffnen. Peter

Die Weinbergschnecke kommt in einer Stunde 4 Meter weit.

Das größte Ei legt der Vogel Strauß. Es ist so groß wie dein Kopf.

Die Kinder der Klasse 1b haben erstaunliche Dinge über Tiere gesammelt. Was weißt du über Tiere?

Guten Appetit !

Die Tobis machen eine Pause am See. „Habt ihr auch Lust auf ein Picknick ?“, fragt Papa. „Reisen macht hungrig !“ Begeistert stimmen die Tobis zu. „Ratet, was ich mitgebracht habe“, sagt Papa:

- Sie ist lang, grün und gebogen: **Gu**
- Er ist gesund und hat oft rote Backen: **Apf**
- Sie ist gelb, grün oder rot: **Pa**
- Sie wachsen in der Erde und schmecken scharf: **Rad**

Nun möchte sich Alo ein Rätsel ausdenken:

1. **Weißkohl**
2. *Orange*
3. Kirsche
4. **Radieschen**
5. *Traube*
6. **Tomate**
7. Erbsen
8. ***Zitrone***
9. Salat
10. Stachelbeere
11. **Banane**
12. *Kohlrabi*
13. ***Himbeere***
14. **Erdbeere**
15. Gurke
16. Bohne
17. **Paprika**
18. Birne
19. **Apfel**
20. Pflaume
21. **Kartoffel**

Suche die passenden Bilder zu den Namen.

Obst oder Gemüse?

Sortiere Obst und Gemüse.

Obstsalat

Das Obst
waschen oder schälen.

Das Obst
in Stücke schneiden.

Die Obststücke in eine
große Schüssel geben.

Vorsichtig umrühren.

Wer mag, kann den Obstsalat auch
mit etwas Honig süßen und Nüsse hinzugeben.

Das Frühstück vom Hausmeister Stark

Ich bin Hausmeister Stark,
berühmt für meinen Quark
und allerlei Gaumenfreuden:
frische Milchprodukte,
Vollkornbrot und Früchte,
'ne Reihe von verschiedenen Kräutern.

Der Mensch braucht jeden Morgen etwas im Bauch.
Es soll gesund sein, das ist klar,
und gut schmecken soll's natürlich auch,
zum Beispiel:

Schöne Apfelsinen,
voll mit Vitaminen,
Müsli, Joghurt mit Honig.
Hier – Orangensaft,
enthält 'ne Menge Kraft!
Du frühstückst hier wie ein König!

Und mein Bananenquark – das ist der Hit.
Das ist von mir, wenn ich es sagen darf,
eine echte Spezialität.

Robert Metcalf

Wie sieht dein Lieblingsfrühstück aus?

Freie Zeit

Die Tobis warten auf Ela.
Mama liegt im Boot und liest.
Dieses Buch mag sie
besonders gern.
Opa, Papa und Alo
fischen am Ufer.
Alo findet eine Flaschenpost.
Doch er kann den Brief nicht lesen.
Es ist eine Geheimschrift.
Kannst du ihm helfen ?

A B C D E F G H I J K L M

N O P Q R S T U V W X Y Z

Das kleine Gespenst

Auf Burg Eulenstein hauste seit uralten Zeiten
ein kleines Gespenst.
Am Tag schlief es in einer Truhe.
Erst nachts,
wenn die Rathausuhr Mitternacht schlug,
erwachte das kleine Gespenst.
„Schade, dass ich das Städtchen immer nur
nachts sehe und niemals bei Tag“,
sagte es.

Wieder einmal schlug die Rathausuhr zwölf
und wie immer erwachte das kleine Gespenst
mit dem letzten Glockenschlag.
Es rieb sich die Augen.
Es dauerte einige Zeit,
bis ihm klar wurde,
was geschehen war.
„Es ist Tag, es ist heller Tag“,
rief es vor Freude.
Neugierig eilte das kleine Gespenst
die Bodenstiege hinunter ...

Otfried Preußler

Was erlebt das kleine Gespenst bei Tag?

Es war einmal

Es war einmal eine sehr schöne Königstochter.
An dem Tag, als sie gerade fünfzehn Jahre alt war,
stach sie sich an einer Spindel
und fiel in einen hundertjährigen Schlaf.

Es war einmal ein Mädchen,
das von seiner Großmutter
ein Käppchen aus rotem Samt
geschenkt bekam.
Eines Tages sprach seine Mutter zu ihm:
„Komm, da hast du ein Stück Kuchen
und eine Flasche Wein. Bring das
der Großmutter. Sie ist krank."

Kennst du diese Märchen?
Erzähle.

Fernsehgeschichte vom Franz

Der Franz ist mit seiner Mama
und seinem Papa fast immer zufrieden.
Nur wenn es ums Fernsehen geht,
muss er sich manchmal ärgern.
Weil sie ihn nur selten fernsehen lassen.
In der Schule redeten die Kinder wieder
über ihre Lieblingsserie.

„Was meinst du ?“, hat ihn der Alexander gefragt.
Der Franz wollte nicht schon wieder sagen,
dass er diese Serie zu Hause nicht sehen kann.
So sagte er: „Ich hab was anderes angeschaut.“
(In Wirklichkeit hatte er mit der Mama *Fang-den-Hut* gespielt.)

„Und zwar ?“, fragte der Alexander.
„Eine andere Serie“, sagte der Franz.
„Und zwar ?“, fragte die Martina.
„Eine Serie … von einem Astronauten …
von einem anderen Planeten …
der landet bei uns …
und sein Raumschiff geht dabei kaputt“,
sagte der Franz.

Christine Nöstlinger

Was machst du in deiner Freizeit?

Das Wetter ändert sich

Ein kräftiger Wind kommt auf.
Schon fallen die ersten
Regentropfen vom Himmel.
Der Regen wird immer stärker.
„Hätten wir doch nur auf
die Tannenzapfen geachtet“,
sagt Mama. „Nun werden wir
alle nass.“
„Wieso ? Wir haben doch den Schirm“,
meint Papa und spannt ihn auf.
Warum wundert sich Oma ?

Bastelt euch einen Wetter-Zapfen und beobachtet:
Was passiert bei [Wolke] *?* *Was passiert bei* [Sonne] *?*

So kann unser Wetter sein

Lotte schaut aus dem Fenster.
Am Himmel sieht sie dicke, graue  .
Eben war noch die  da.
Lotte möchte doch die Blumen
in ihrem neuen Beet gießen.
Schnell nimmt sie ihre Gießkanne.
Schon beginnt der .
Lotte ist traurig.
Doch sie hat eine Idee:
Sie holt ihren bunten Regenmantel,
die roten Gummistiefel
und den großen Regenhut.
Fröhlich gießt sie
bei  und  ihre Blumen.
Lottes Mutter lacht:
„Nun freuen sich deine Blumen
aber doppelt.“

Lotte schreibt auf:

Mein Lieblingswetter	Dieses Wetter mag ich nicht	So ist das Wetter heute

Dach überm Kopf

Hans Jürgen Press

Was ist hier passiert ?

HAt dEr MoNd einEn Hof,
wiRd daS WEtteR morGen dooF.

Istesimjunifurchtbarheiß,
bringtderwinterunsvieleis.

Wenn im September viele Spinnen kriechen
sie einen harten Winter riechen.

Kleine Trommelgeschichte

Leichter Wind – dunkle Wolken
gibt's Regen ?
Es tröpfelt.
Der Wind wird stärker.
Es regnet, es regnet !
Es heult und pfeift !
Es schüttet !
Es gießt !
Es hagelt !
Donner, Blitz, Donnerwetter, Blitzdonnerwetter !
Es prasselt auf deinem Regenschirm.
Lauf schnell nach Hause !

Dorothée Kreusch-Jacob

Dieses Gedicht könnt ihr in der Klasse musikalisch gestalten.

Wie wir uns fühlen

Ole fürchtet sich vor dem Gewitter.
Leo hat Angst in der Dunkelheit.
Beide kriechen zu Ela unter
die Decke. Im Licht der Blitze
sehen sie aus wie ein Geist.
Die anderen Tobis rücken dicht
zusammen. Sie haben große Angst.
Das ist kein schönes Gefühl.
Als sie Ela erkennen, sind sie erleichtert.
Alle freuen sich wieder zusammen zu sein.
Hattest du auch schon einmal Angst ?

Das Bettgespenst

Unter dieser Zauberdecke
liegt ein Geist in dem Versteck
kichert „hi !“, kichert „ho !“
Kratzt sich gar an seinem P !
Wackelt mit dem großen Zeh !
Warte nur, wenn ich dich s !
Zieh ich schnell die Decke weg,
ist er nicht mehr da vor Sch !

Roswitha Fröhlich

Sofie ist ängstlich

Sofie ist nicht da.
Frau Heinrich fragt:
„Wer kann mir sagen,
wo Sofie ist ?“
Keiner kann das.

Die Kinder lesen.
Da meldet sich Katja:
„Ich muss mal raus !“
„Sei bitte leise.
Sonst störst du.“
Katja tippelt auf Zehenspitzen
und macht die Tür
leise hinter sich zu.

Auf dem Flur steht Sofie und guckt vor sich hin.
„Sofie, was machst denn du hier ?“, fragt Katja.
„Ich bin zu spät gekommen. Jetzt warte ich,
bis Pause ist. Das stört sonst.“
Katja sagt: „Ich muss mal. Ich bin gleich zurück.
Dann gehn wir zusammen rein.“

Peter Härtling

Lückenbüßer

Bei Jörg ist das so:

Ist der Marc bei ihm,
dann lässt er mich stehn,
und ich kann nach Hause gehn.

Ist der Sven bei ihm,
dann lässt er mich stehn,
und ich kann nach Hause gehn.

Ist die Silke bei ihm,
dann lässt er mich stehn,
und ich kann nach Hause gehn.

Ist Jörg aber allein,
dann sagt er: „Komm rein !“

Regina Schwarz

In der Schule

Was findest du in deiner Klasse schön?
Was findest du in deiner Klasse doof?

In der Natur

Alo ist glücklich Ela wiederzusehen.
Er hat ihr Blumen gepflückt, die er
hinter seinem Rücken versteckt hält.
„Rate, was ich für dich habe“,
sagt Alo. „Die Farbe ist gelb.“
Ela überlegt.
Alo gibt noch einen Tipp:
„Ich nenne sie Kettenblumen.“
Ela weiß nicht, was Alo meint.
Da zeigt Alo ihr die Blumen.
„Ach so, Löwenzahn meinst du!“,
ruft Ela.

Löwenzahn hat viele Namen

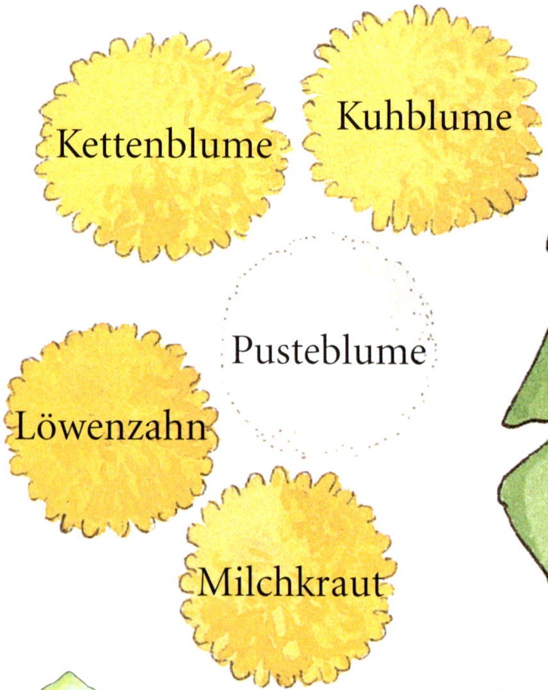

Was passt zusammen?

Wie der Löwenzahn zu seinem Namen kam

Es war einmal in Afrika,
dort, wo der Löwe König ist.
Eines Tages flog ein kleiner Fallschirm
vom Himmel. Er landete direkt
vor der Nase des Löwen.
Am Fallschirm hing ein Samen.
Und auf einmal stand da
eine wunderschöne gelbe Blume.
Der Löwe freute sich darüber.

Eines Morgens aber war
die gelbe Blume verschwunden.
Stattdessen sah der Löwe
eine weiße Kugel auf dem Stängel.
Er roch daran und musste niesen:
„Haa – haa – haatschiii!“
Dabei riss der Löwe sein Maul weit auf.
Die Kugel zersprang und viele kleine
Fallschirme wirbelten hoch in die Luft.

Das beobachtete der Fuchs.
Aber er hatte seine Brille vergessen.
So glaubte der Fuchs,
dass dem Löwen alle Zähne
aus dem Mund gefallen sind.

Seitdem heißt die gelbe Blume Löwenzahn.

Der Kastanienbaum

Der Kastanienbaum
hat Knospen,
dick, klebrig und braun.
Jede Knospe ist eine Faust,
da drin
hält er verborgen ein Ding.
Zieht der Mai ins Land,
tut er auf jede Hand.
Was kommt da heraus?
Ein Blätterzweig
und manchmal sogar
ein ganzer herrlicher Blütenstrauß.

Josef Guggenmos

Rätsel

Grün und rund und stachelig,
hebst du's auf, dann sticht es dich.
Ziehst du's grüne Fell ihm aus,
kommt die braune Frucht heraus.

Christine Kretschmer

Der Talisman

„Ich schenk dir etwas“, sagt Lisa.
Es ist eine runde, stachelige Kugel.
Lisa legt sie in Alis Hand. „Brich sie auf.“
Doch Ali versteht nicht, was Lisa meint.
Ali kommt aus Marokko
und geht erst seit fünf Wochen
in Deutschland zur Schule.
„Ich mach sie für dich auf“, sagt Lisa.
Aus der grünen Hülle kommt eine
glänzend braune Kastanie zum Vorschein.
„Sie bringt dir Glück. Das ist ein Talisman.“
Ali horcht auf.
„Talisman, arabisches Wort“, sagt er.

Am nächsten Tag dürfen die Erstklässler
ihre Stofftiere mitbringen.
„Mein lieber Bär“, schreibt Janine an die Tafel.
„Mein Elefant kann zaubern“, sagt Lukas.
Ali hält die Kastanie in seiner Hand.
„Sie bringt Glück“, sagt er.
„Wo hast du plötzlich so gut Deutsch gelernt ?“,
wundert sich die Lehrerin.

Ali schaut Lisa an. „Talisman“, sagt er
und lässt die Kastanie in seiner Hosentasche verschwinden.

Max Bolliger

Pilz-Ketten
1
Oma
Alo
Ela
Papa
Leo
2
sammelt
sucht
versteckt
isst
pflückt
3
rote
seltene
tolle
dicke
gelbe
4
Tomaten
Beeren
Fische
Blumen
Eier
5
im Moor
am Ufer
im Wald
im See
im Nest
Leo
isst
dicke
Tomaten
am Ufer

Die Wiese erleben

Stell dir vor:
Du bist auf einer großen, weiten Wiese.
Du läufst barfuß über diese Wiese
und spürst unter deinen Füßen das Gras.
Es fühlt sich weich an.
Es fühlt sich …
Es kitzelt.

Du legst dich ins Gras.
Du siehst viele Gräser und Blumen.
Du entdeckst das kleine Gänseblümchen,
du entdeckst …

Du riechst den Duft der Wiese.
Du beobachtest viele kleine Tiere.
Vor dir krabbeln Ameisen.
Vor dir …
Vor dir baut eine Spinne ihr Netz
und ein Schmetterling steigt lautlos empor.

Du hörst die Hummeln brummen,
du hörst …
und ein Vogel zwitschert über dir.

Du schaust zum Himmel und denkst …

Schließe die Augen. Einer liest vor. Wie sieht deine Wiese aus?

Vom Morgen zum Abend

Die Sonne weckt morgens
die Tobis aus ihrem Schlaf.
Für alle Pflanzen und Bewohner
des Waldes beginnt ein neuer Tag.
Es kommt Leben in den Wald.
Erst wenn am Abend die Sonne
wieder untergeht und die Dämmerung
hereinbricht, endet für die Tobis der Tag.
In der Nacht kehrt Ruhe ein.

Sonne, sing dein Morgenlied,
dass ein Sonnentag erscheine !
Weck die Vögel, Bäume, Steine,
weck das Große, weck das Kleine
auf mit deinem hellen Licht !
Sonne, sing dein Morgenlied,
dass ein Sonnentag erscheine !

Kindervers aus Finnland

Die kleine Hex'

Morgens früh um sechs
kommt die kleine Hex',
morgens früh um sieben
schabt sie Gelbe Rüben,
morgens früh um acht
wird Kaffee gemacht,
morgens früh um neun
geht sie in die Scheun',
morgens früh um zehn
holt sie Holz und Spän',
feuert an um elf,
kocht dann bis um zwölf
Fröschebein und Krebs und Fisch.
Hurtig, Kinder, kommt zu Tisch!

Volksgut

Ihr könnt die Uhrzeiten gut an einer selbst gemalten Uhr nachlegen.
Wie sieht dein Tag aus?

Als die Tiere des Waldes plötzlich keine Zeit mehr hatten

Wie Herr Kuckuck es versprochen hatte,
rief er bei Tag und bei Nacht,
bei Regen und bei Sonnenschein die Stunden aus.

Es dauerte nicht lange,
da war es für die Tiere des Waldes
ungeheuer wichtig geworden zu wissen,
wie spät es ist.
Sie alle fürchteten ständig, zu spät zu kommen.
Selbst die kleinsten Tierkinder mussten schon
so schwierige Wörter wie „Stundenplan“
und „Pünktlichkeit“ lernen.

Eines schönen Tages kam
eine hübsche Kuckucksfrau
in den Wald.
Herr Kuckuck schaute sie
eine Sekunde lang an.
Zumindest schien es ihm so.
Aber Stunde um Stunde
vergaß er
die Zeit auszurufen ...

Becky Bloom

Eine Woche bei der kleinen Raupe Nimmersatt

Die kleine Raupe Nimmersatt
frisst wochentags nur Blattsalat.
Am **Montog** gibt es Ahornblätter,
am **Donstog** schmeckt die Birke netter,
am **Mottwoch** ist die Zeder gut,
am **Donnerstog** 's die Dahlie tut,
am **Frotog** schmatzt sie Eisenhut.
Am **Somstog** sie sich dann besinnt
und nun was Feines zu sich nimmt.
Anstatt der Grünsalate
speist **sonntogs** sie Tomate.

Raimund Pousset

Welcher Troll hat die Wochentage in seine Sprache verwandelt?

Körperpflege

Die Tobis packen die Kiste aus.
Alo findet ein Stück Seife.
„Für dich, Papa !“, ruft er und grinst.
Papa findet das gar nicht lustig.
Da werden auch
die Tiere neugierig.
Sogar der Maulwurf
hat etwas entdeckt,
obwohl er nicht so gut
sehen kann.
Ob sie auch etwas zur Pflege
der Zähne finden ?

Schnuffi und die Mikroben

Einmal, als ich und unser Hund Schnuffi hungrig vom Spielen nach Hause kamen und ich schnell etwas essen wollte, fragte mich Mama:

„Hast du dir die Hände gewaschen?"

„Ich wasche sie später."

„Nicht später, sondern sofort! Siehst du nicht, dass deine Hände schwarz vor Schmutz sind? Die wimmeln ja von Mikroben."

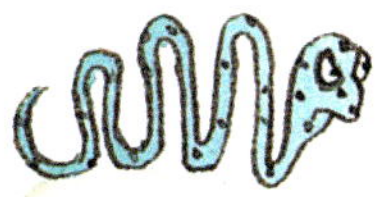

„Was sind Mi-kro-ben?"

„Das sind kleine Tierchen, die im Schmutz leben. Die sind so klein, dass du sie nicht sehen kannst. Von denen kann man krank werden."

Ich wusch mir die Hände. Das Wasser war grau. Es schwammen sicher viele von diesen gefährlichen Tierchen darin. Ob sie wohl wie kleine Hunde aussahen? Oder wie Fische? Oder wie Würmer? Dann sah ich plötzlich Schnuffi an seinem Napf mit ganz schmutzigen Pfoten. Ich rief entsetzt meine Schwester:

„Klara!" …

Wie könnte die Geschichte weitergehen? Auf der nächsten Seite kannst du weiterlesen.

„Schau dir mal Schnuffis Pfoten an.
Sie müssen voll mit Mikroben sein.
Er wäscht sich nie. Aber von diesen
Tierchen kann man krank werden !“

„Das weiß ich längst.“

„Was sollen wir tun ?“

„Wir müssen ihm das Pfotenwaschen
beibringen.“

Wir stürzten uns beide auf Schnuffi
und schleppten ihn ins Badezimmer.
Dort begann Klara ihm die Pfoten
zu waschen.
Es lief schwarzes Wasser herunter.
Leider sprang Schnuffi aus der Wanne
und lief ins Wohnzimmer.
Hinter sich ließ er eine nasse Spur.

So hat Mama uns erwischt.
Und so konnten wir
unserem Dackel Schnuffi nicht beibringen
regelmäßig seine Pfoten zu waschen.
Er lebt weiter mit schmutzigen Pfoten,
voll mit Mikroben.
Dass er noch am Leben ist,
ist wirklich ein Wunder.

Dimiter Inkiow

Diese Geschichte könnt ihr spielen. Wer spielt Schnuffi ?

Zähneputzen

Wenn man nach dem Zähneputzen
abends noch was Süßes isst,
hat das Putzen wenig Nutzen,
weil das Süße Löcher frisst.

Britta Cornelius

Luise Berg

Luise muss zum Zahnarzt Schmitt.
Der Vater sagt: „Ich gehe mit!“

„Ich auch!“, ruft tapfer Bruder Jan.
Die Mutter nickt: „Auch ich wär dran!“

Doch als der Tag herangerückt,
hat Bruder Jan sich rasch verdrückt.

Die Mutter wäscht, Papa zieht Leine.
Luise Berg geht ganz alleine.

Bernd Lunghard

Auf der Schaukel sitzt ein Kind

Auf der Schaukel sitzt ein Kind.
Es kann nicht gehen, es kann nicht sehen,
es ist lahm und blind.

Es sitzt zum ersten Mal auf einer Schaukel.
„Aber es hat doch nichts davon“, sagen die Leute,
„das arme Kind ist lahm und blind !“

„Warum soll es nicht trotzdem schaukeln ?“,
fragt die Schwester.

Und das Kind
schaukelt und lacht
und ruft ganz aufgeregt:
„Ich spür den Wind ! Ich spür den Wind !“

Friedl Hofbauer

1 Ein Baby hat keine Zähne.
2 Sie kommen erst nach und nach.
3 Die ersten Zähne nennt man Milchzähne.
4 In jedem Kiefer gibt es zehn Milchzähne.
5 Sie fallen aus, wenn die Kinder größer werden.
6 Dann wachsen 32 Zähne nach, je 16 oben und unten.
7 Wenn die ausfallen, gibt es leider keine neuen mehr.
8 Dann gibt es nur noch falsche Zähne. Die sind aus Kunststoff.
9 Wer seine Zähne länger behalten will, muss dafür sorgen, dass sie gesund bleiben.
10 Vor dem Schlafen, nach dem Essen: Zähneputzen nicht vergessen!
sehen
Was unser Körper kann
sehen
hören
tasten/fühlen
riechen
schmecken
Ist das ein Tannenzapfen ?
Das schmeckt nach Melone !
tasten / fühlen
schmecken
Das hört sich an wie …
riechen
hören

Durch das Jahr

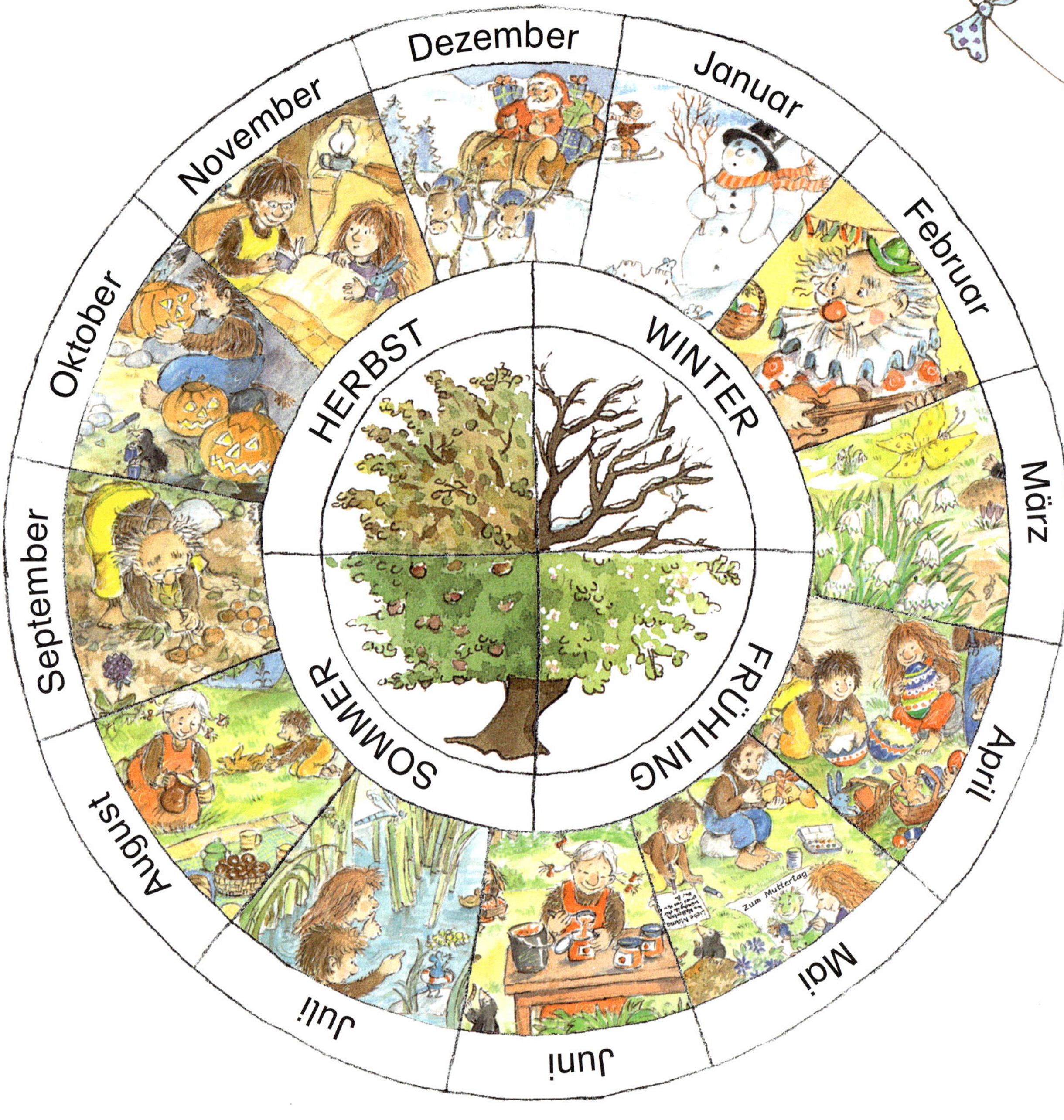

Der Herbst ist da

Jetzt gibt es viele Früchte,
die du sammeln und ernten kannst:
Obst, Gemüse und Nüsse.

Nuss-Domino

Diese Nüsse braucht ihr für euer Spiel:

Spielt so:

Sankt Martin

Ein bisschen so wie Martin
möcht' ich manchmal sein,
und ich will an andere denken,
ihnen auch mal etwas schenken.
Nur ein bisschen, klitzeklein,
möcht' ich wie Sankt Martin sein.

Elke Bräunling

Nikolaus

Nikolaus, Nikolaus,
komm zu mir nach Haus.
Stelle meine Schuh' heraus!
Findest du auch unser Haus?
Nikolaus, Nikolaus,
komm zu mir nach Haus.

Rolf Krenzer

Jetzt kommt der Winter

Die Bäume haben ihre Blätter verloren.
Es wird kälter.
Bald fallen dicke Schneeflocken
vom Himmel. Sie verzaubern
die Natur.
Bis zum Weihnachtsfest ist es
nicht mehr lang.

Die Anbetung der Hirten *Pier Fancesco Mola*

Krippenspiel

Jetzt tretet vor
und jeder singt,
sagt, wer ihr seid
und was ihr bringt.

Ich blas auf meinem Flötenrohr
dem Kind ein Hirtenliedchen vor.

Ich bin ein Nachbar, bring ein Brot.
Ich schenk ihm einen Apfel rot.

Ich bin der Ochs, der Esel du,
wir schaun das Kind an immerzu.

Ich bin der Joseph, tret heran,
zünd für das Kind ein Lichtlein an.

F. Hoffmann

Im Frühling

Im Frühling erwacht die Natur.
Im Garten wächst, blüht und zwitschert es.
Als Zeichen für neues Leben feiern wir
das Osterfest.

Wie das Ei zum Osterei wurde

Katharina war eine Königstochter.
Eines Tages erzählte sie dem römischen Kaiser,
dass Jesus von den Toten auferstanden ist.
Der Kaiser glaubte ihr nur,
wenn sie aus einem Stein
neues Leben erwecken könne.
So brachte Katharina ihm
ein fast ausgebrütetes Entenei.
Langsam riss ein Spalt in die Schale
und die junge Ente befreite sich aus dem Ei.
„Scheinbar tot und doch lebendig“, sagte Katharina.

So ist das Ei zum Osterei geworden,
ein Zeichen dafür, dass Jesus auferstanden ist.

Willi Fährmann

Wie sehr ich dich mag

Ich will mir ein Wort ausdenken
ein nigel-nagel-neues Wort.
Und es dir schenken.
Ein Wort,
mit dem ich dir sage,
wie sehr ich dich mag.

Hans und Monique Hagen

Wen du brauchst

Einen zum Küssen und Augenzubinden,
einen zum Lustige-Streiche-Erfinden.
Einen zum Regenbogen-suchen-Gehn
und einen zum Fest-auf-dem-Boden-Stehn.
Einen zum Brüllen, zum Leisesein einen.
Einen zum Lachen und einen zum Weinen.
Auf jeden Fall einen, der dich mag,
heute und morgen und jeden Tag.

Regina Schwarz

Sommer

Endlich ist der Sommer da.
Beeren wachsen rot an den Sträuchern
und Blumen strahlen in herrlichen Farben.
Bienen summen und die Sonne kitzelt dein Gesicht.

1) 2) 3)

Mein Sommer-Elfchen

Sonnengelb
leuchtende Blumen
gefallen mir gut
ich schaue sie an
Sommer!

LISA

Verfasser- und Quellenverzeichnis

S. 6 Joachim Schmahl / Jürgen Tamchina: Du bist du (und das find dich gut (Das Lied vom Anderswerden)). © beim Urheber. **S. 8** Ute Andresen: Papa kocht (gek.). Aus: Wir sind vier. © *für das Umschlagbild von Susann Opel-Götz:* 1991/1999 Deutscher Taschenbuch Verlag, München. **S. 11** Janosch (Text u. *Ill.*): Tiger und Bär im Verkehr (gek., Titel geändert). Aus: Tiger und Bär im Straßenverkehr. © 1990 Diogenes Verlag AG, Zürich. **S. 13** Rolf Zuckowski: Zebrastreifen. © MUSIK FÜR DICH Rolf Zuckowski OHG, Hamburg. **S. 15** Annette Langen: Ein kleiner Hase auf Weltreise (gekürzt). Aus: Briefe von Felix. Ein kleiner Hase auf Weltreise. *Illustrationen von Constanza Droop.* © 1994 Coppenrath Verlag, Münster. **S. 16** Hans & Monique Hagen: One-two-three. Aus: Wie sehr ich dich mag. Übersetzt von Christine Nöstlinger. © Verlag Friedrich Oetinger, Hamburg 2001. © Hans & Monique Hagen 2000. **S. 18** Paul Maar: Ein Schneckenreim. Aus: Paul Maars kleiner Flohmarkt. Verlag Friedrich Oetinger, Hamburg 1977. **S. 19** Wo wohnen Igel? (Screenshots) Aus: Löwenzahn 3 (CD-Rom). Geschichten aus Natur, Umwelt und Technik. © Terzio, Möllers & Bellinghausen Verlag GmbH, 1999. © ZDF/ ZDF Enterprises, 1999. **S. 20** Marcus Pfister: Besuch bei Biber Boris (gek., Titel geändert). Aus: Biber Boris. Nord-Süd Verlag AG, Gossau Zürich, Schweiz 1988. **S. 25** Robert Metcalf: Das Frühstück von Hausmeister Stark (gek., Titel geändert). Aus: Wolfgang Hering / Bernd Meyerholz: Fitti Fit (Cassette). Abenteuer in Neugesundland. Mini-Musical für Kinder. Deutsche Grammophon für Kinder 2000. © Robert Metcalf. **S. 27** Otfried Preußler: Das kleine Gespenst (gek.). *Illustrationen von F. J. Tripp.* © 1966 by K. Thienemanns Verlag, Stuttgart-Wien. **S. 29** Christine Nöstlinger: Fernsehgeschichte vom Franz (gek., Titel leicht geändert). Aus: Fernsehgeschichten vom Franz. *Umschlag von Erhard Dietl.* © Verlag Friedrich Oetinger, Hamburg 1994. **S. 32** Hans Jürgen Press: Dach überm Kopf. Aus: Jakobs Abenteuer. Comics vom kleinen Herrn Jacob. © 1981 und 1992 (Neubearb.) Ravensburger Buchverlag Otto Maier GmbH. **S. 33** Dorothée Kreusch-Jacob: Kleine Trommelgeschichte. Aus: Mit Klängen in die Stille. Kösel Verlag, München 2002. **S. 34** Roswitha Fröhlich: Das Bettgespenst. Aus: Hansjörg Martin u. Boris H. Schmidt (Hrsg.): Es kommt ein Bär von Konstanz her. Rowohlt Taschenbuch Verlag, Reinbek bei Hamburg 1986. **S. 35** Peter Härtling: Sofie ist ängstlich. Aus: Sofie macht Geschichten. Beltz Verlag, Weinheim und Basel 1980. **S. 36** Regina Schwarz: Lückenbüßer. Aus: Die Grundschulzeitschrift Nr. 41, Friedrich Verlag, Velber 1991. **S. 39** Wie der Löwenzahn zu seinem Namen kam (gek.). Aus: Flohkiste. Heft 4/92. Domino Verlag, München 1992. **S. 40** Josef Guggenmos: Der Kastanienbaum. Aus: Was denkt die Maus am Donnerstag? Beltz Verlag, Weinheim und Basel 1998. Heidelinde Foster / Christine Kretschmer: Rätsel. Aus: Sprachreise 2. Arbeitsheft. Hrsg. v. Christine Kretschmer. Volk und Wissen/ Kamp, 1998. **S. 41** Max Bolliger: Der Talisman (gek.). Aus: Reiner Engelmann (Hrsg.): 1. Klasse Wackelzahn. Verlag Sauerländer, Aarau / Frankfurt / Main / Salzburg 1999. **S. 46** Becky Bloom *(Text u. Ill.):* Als die Tiere des Waldes plötzlich keine Zeit mehr hatten (gek.). Aus: Herr Kuckuck. Als die Tiere des Waldes plötzlich keine Zeit mehr hatten. © für die deutschsprachige Ausgabe Baumhaus Verlag AG, Zürich / Frankfurt/Main / Bruck 1998. **S. 47** Raimund Pousset: Eine Woche bei der kleinen Raupe Nimmersatt (Titel geändert, Text leicht verändert). Aus: Fingerspiele und andere Kinkerlitzchen. Rowohlt Taschenbuch Verlag, Reinbek bei Hamburg 1983. **S. 49/50** Dimiter Inkiow: Schnuffi und die Mikroben (gek.). Aus: Ich und meine Schwester Klara. Die schönsten Geschichten. *Umschlagbild von Traudl u. Walter Reiner.* © Erika Klopp Verlag GmbH, Hamburg, 4. Auflage 1998. **S. 51** Britta Cornelius: Zähneputzen. Aus: Gerhard Sennlaub (Hrsg.): Und mittendrin der freche Hans. Gedichte für Grundschulkinder. Cornelsen Verlag, Berlin 1986 (dort aus: Peter-Pelikan-Schulbrief, Nr. 8. Berlin o. J.). Bernd Lunghard: Luise Berg (Titel hinzugefügt). Aus: Luise Berg. Der Kinderbuchverlag, Berlin 1987. **S. 52** Friedl Hofbauer: Auf der Schaukel sitzt ein Kind. Aus: Weißt du, dass alles sprechen kann? Dachs Verlag, Wien 1999. **S. 56** Elke Bräunling: Sankt Martin (gek., Titel geändert). Aus: Meine Welt. Hrsg. v. Gütersloher Verlagshaus G. Mohn, Gütersloh / Schriftenmissions-Verlag, Neukirchen-Vluyn. **S. 57** Rolf Krenzer: Nikolaus (gek., Titel gändert). © Rolf Krenzer, Dillenburg. **S. 59** F. Hoffmann: Krippenspiel (Jetzt tretet vor). © Verlag Ernst Kaufmann GmbH, Lahr. **S. 60** Willi Fährmann: Wie das Ei zum Osterei wurde (gek. u. leicht verändert). Aus: Hans Gärtner: Jetzt fängt das schöne Frühjahr an. Gütersloher Verlagshaus Mohn 1988. **S. 61** Hans & Monique Hagen: Wie sehr ich dich mag. Aus: Wie sehr ich dich mag. Übersetzt von Christine Nöstlinger. © Verlag Friedrich Oetinger, Hamburg 2001. © Hans & Monique Hagen 2000. Regina Schwarz: Wen du brauchst. Aus: Hans-Joachim Gelberg (Hrsg.): Überall und neben dir. Gedichte für Kinder. © 1986, 1994 Beltz Verlag, Weinheim und Basel.

Ungenannte Verfasser/Volksgut

S. 17 Abzählreim / Taslar-Steine. **S. 18** Hundert Hasen … Aus: Gerhard Sennlaub (Hrsg.): Und mittendrin der freche Hans. Gedichte für Grundschulkinder. Cornelsen Verlag, Berlin 1986. **S. 28** Es war einmal. **S. 32** Was ist hier passiert? (Bauernregeln). **S. 44** Sonne, sing dein Morgenlied. Aus: H. Baumann (Hrsg.): Ein Reigen um die Welt. Deutscher Taschenbuchverlag, München 1983. **S. 45** Die kleine Hex.

Bildquellenverzeichnis

S. 7 Cornelsen Verlag (Peter Wirtz). **S. 8** *Susann Opel-Götz (Buchumschlag).* **S. 11/12** *Janosch.* **S. 15** *Constanza Droop.* **S. 17** Cornelsen Verlag. **S. 19** Computer: Cornelsen Verlag (Corel Library). **S. 20** *Marcus Pfister.* **S. 21** Kamel/Forelle: Cornelsen Verlag (Corel Library); Schnecke: Reinhard-Tierfoto, Heiligkreuzsteinach; Straußenei: DPA-Zentralbild (Jens Büttner), Berlin. **S. 27** *F. J. Tripp.* **S. 29** *Erhard Dietl (Buchumschlag).* **S. 30, 55** Dirk Christiansen, Berlin. **S. 32** *Hans Jürgen Press.* **S. 46** *Becky Bloom.* **S. 49** *Traudl u. Walter Reiner (Buchumschlag).* **S. 58** Pier Francesco Mola: Die Anbetung der Hirten (Kunsthistorisches Museum, Wien). Artothek, Weilheim. *(Vgl. auch Verfasser- und Quellenverzeichnis).*

Alle anderen Texte sind urheberrechtlich frei oder Originalbeiträge.

Tobi Fibel 2 Lesetexte

Erarbeitet von: Doris Schiffers
Mirjam Zimmermann

Redaktion: Imke Pelz
Illustrationen: Petra Probst (Umschlag, Tobis)
Stefanie Scharnberg

Notensatz: Computernoten Havelland
Lay-out: Katharina Wolff
Technische Umsetzung: Jutta Botzenhart

Bestandteile der Tobi-Fibel

Tobi-Fibel 1	(Best.-Nr. 801454)
Tobi-Fibel 2	(Best.-Nr. 801462)
	(gemeinsame Best.-Nr. 801470)
Arbeitsheft	(Best.-Nr. 801438)
Digitales Arbeitsheft/CD-ROM	(Best.-Nr. 801934)
	(gemeinsame Best.-Nr. 801560)
Handbuch für den Unterricht	(Best.-Nr. 801624)
Kopiervorlagen	(Best.-Nr. 801632)
	(gemeinsame Best.-Nr. 801640)
Buchstabentabelle (10 Stck.)	(Best.-Nr. 801306)
Druckschriftlehrgang	(Best.-Nr. 801446)
Lese-Mal-Blätter	(Best.-Nr. 801551)
Schreiblehrgang A – LA	(Best.-Nr. 801497)
Schreiblehrgang A – VA	(Best.-Nr. 801500)
Schreiblehrgang A – Schul-A	(Best.-Nr. 801519)
oder alternativ:	
Schreiblehrgang B – LA	(Best.-Nr. 801527)
Schreiblehrgang B – VA	(Best.-Nr. 801535)
Schreiblehrgang B – Schul-A	(Best.-Nr. 801543)
Tobi-Sachlexikon	(Best.-Nr. 801314)

Zur Neubearbeitung und zur bisherigen Ausgabe einsetzbar:

Tafelwortkarten	(Best.-Nr. 74498)
Tobi-Lesekiste	(Best.-Nr. 48039)
Ela-Handpuppe	(Best.-Nr. 801829)
Alo-Handpuppe	(Best.-Nr. 801837)
	(gemeinsame Best.-Nr. 801845)
Stempel (Ela und Alo)	(Best.-Nr. 75052)
Tobi-Lieder: Audiokassette	(Best.-Nr. 74366)
CD	(Best.-Nr. 74374)
Liederheft (Handreichung)	(Best.-Nr. 74650)
Tobi-Theaterstücke (Kl. 1–4)	(Best.-Nr. 610110)

Cornelsen online http://www.cornelsen.de

1. Auflage Druck 8 7 6 5 Jahr 08 07 06 05

Alle Drucke dieser Auflage sind inhaltlich unverändert und können im Unterricht nebeneinander verwendet werden.

Druck: CS-Druck CornelsenStürtz, Berlin

ISBN 3-464-80146-2

Bestellnummer 801462

Gedruckt auf säurefreiem Papier,
umweltschonend hergestellt aus chlorfrei gebleichten Faserstoffen.